마리 퀴리

일러두기

1. 이 시리즈는 영국 Franklin Watts 출판사의 「Famous People Famous Lives」 시리즈를 기반으로 국내 창작물을 덧붙인 초등학교 저학년 대상의 인물 이야기입니다.
2. 초등학교 저학년이 이해하기 힘든 사건이나 사실들은 편집부에서 설명을 덧붙였습니다.
3. 사람 이름이나 지역 이름 등 외국에서 들어온 말은 국립 국어원의 외래어 표기법을 따랐습니다.

Famous People Famous Lives
MARIE CURIE
by Karen Wallace and illustrated by Nick Ward

Text Copyright ⓒ 1998 by Karen Wallace
Illustrations Copyright ⓒ 1998 by Nick Ward
All rights reserved.

Korean Translation Copyright ⓒ 2008 by BIR Publishing Co., Ltd.
Korean translation edition is published by arrangement with Franklin Watts,
a division of the Watts Publishing Group Ltd. through Imprima Korea Agency.

이 책의 한국어판 저작권은 Imprima Korea Agency를 통해 저작권사와 독점 계약한 **(주)비룡소**에 있습니다.
저작권법에 의해 한국 내에서 보호를 받는 저작물이므로 무단 전재와 무단 복제를 금합니다.

마리 퀴리

캐런 월리스 글 닉 워드 그림 이다희 옮김

비룡소

　마리 퀴리는 1867년 폴란드의 수도 바르샤바에서 태어났어요. 어릴 때 이름은 마리아 스크워도프스카였지요.

　마리아는 다섯 남매 중 막내였어요. 세 언니와 오빠는 마리아를 무척 귀여워해 주었지요.

마리아의 아빠는 중학교에서 수학과 과학을 가르치는 선생님이었어요. 엄마는 작은 학교의 교장 선생님이었고요.

　다정한 아빠는 틈만 나면 마리아를 무릎에 앉히고 세계 여러 나라의 동화를 읽어 주었어요. 마리아의 아빠는 여러 나라 말을 할 줄 알았거든요.

하루는 마리아가 서재에 있는 진열장을 가리키며 물었어요.

그 질문은 마리아의 인생을 바꾸어 놓았어요. 마리아는 길쭉하고 투명한 시험관과 반짝반짝 빛나는 비커를 볼 때마다 가슴이 두근거렸어요.

어린 시절 마리아에게는 슬픈 일이 참 많았어요.

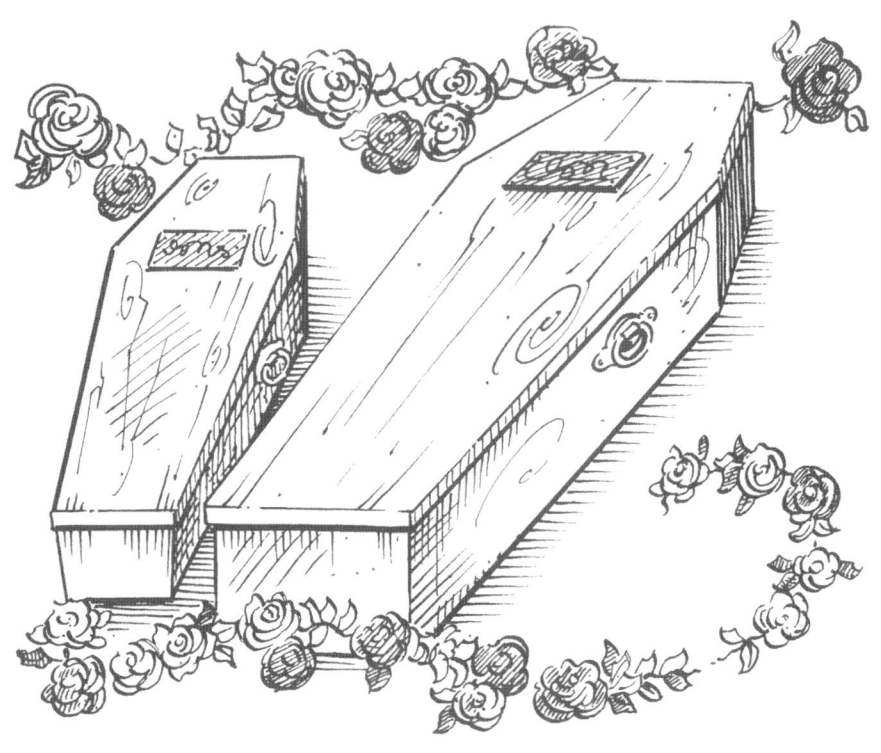

마리아가 아홉 살 때 큰언니 조피아가 전염병에 걸려 죽었어요. 게다가 이 년 후에는 엄마마저 결핵으로 세상을 떠났지요.

언니와 엄마를 연달아 잃은 마리아는 울고 또 울었어요.

자상한 아빠가 마리아를 위로해 주었지만 엄마의 빈 자리를 채울 수는 없었어요. 마리아는 한참 동안 슬픔에서 헤어나지 못했지요.

1883년에 마리아는 바르샤바 국립 여학교를 일 등으로 졸업했어요. 성적이 가장 좋은 학생에게 주는 금메달도 받았지요.
　마리아는 대학에 가서 공부를 더 하고 싶었어요. 하지만 당시 폴란드에는 여자를 받아 주는 대학이 없었어요.

　브로냐 언니도 공부를 잘했지만 대학에 가지 못했어요. 하지만 언니는 대학에 가는 꿈을 포기하지 않았지요. 브로냐 언니는 여자도 대학에 갈 수 있는 프랑스 파리로 유학을 가기 위해 가정 교사로 일하며 돈을 모았어요. 마리아도 브로냐 언니처럼 자신의 힘으로 돈을 모아 대학에 가기로 했지요.

어느 날 마리아에게 좋은 생각이 떠올랐어요. 마리아는 브로냐 언니를 찾아가 말했어요.
"언니, 의사가 되는 게 꿈이라고 했지? 언니가 먼저 파리에 가서 공부해. 언니가 공부하는 동안 내가 학비를 보내 줄게. 대신 나중에 공부를 마치고 의사가 되면 언니가 나를 도와줘."

육 년 뒤, 의사가 된 브로냐 언니가 마리아를 파리로 불렀어요.

마리아는 한 푼이라도 아껴 학비에 보태려는 마음에 제일 싼 삼등칸 기차를 탔어요. 짐도 부치지 않고 직접 들고 탔지요.

파리는 마리아가 살던 폴란드의 도시와는 모든 것이 달랐어요. 파리에서는 여자들도 보고 싶은 책을 읽고, 원하는 공부를 할 수 있었지요.

　1891년에 마리아는 소르본 대학교에 입학했어요.

　마리아는 가정 교사로 일하는 틈틈이 혼자서 열심히 공부했지만, 폴란드 말이 아닌 프랑스 말로 대학 수업을 듣기는 쉽지 않았어요. 수학과 과학에 대한 기초 지식도 턱없이 부족했지요. 그래도 마리아는 늘 교실 맨 앞줄에 앉아 열심히 수업을 들었답니다.

처음에 마리아는 브로냐 언니의 집에서 학교를 다녔어요. 하지만 곧 학교 근처에 방을 얻기로 했지요. 언니의 집에서 학교까지는 마차를 타고도 한 시간이나 걸렸거든요. 마리아는 소중한 시간을 학교를 오가는 데 낭비하고 싶지 않았어요.

마리아가 가진 돈으로 구할 수 있는 방은 낡고 허름한 다락방뿐이었어요. 하지만 학교까지 가는 데 걸리는 시간은 훨씬 짧아졌지요.

마리아는 빵 한 조각과 버터 조금, 차 한 잔으로 끼니를 때우며 밤늦게까지 열심히 공부했어요.

마리아의 노력은 헛되지 않았어요. 1893년, 마리아는 일 등으로 물리학 학위를 땄어요. 파리에 온 지 겨우 일 년 반 만의 일이었지요.
　그다음 해에는 수학 학위도 땄어요. 이번에는 이 등이었어요. 하지만 마리아는 거기서 만족하지 않았어요. 아직도 공부해야 할 것이 너무나 많았거든요. 마리아는 파리에 남아 공부를 계속하기로 했어요.

1894년에 마리아는 피에르 퀴리라는 물리학자를 만났어요. 피에르는 마리아에게 실험실을 빌려주고, 실험에 대해 도움말도 해 주었지요.

마리아는 첫눈에 피에르에게 마음이 끌렸어요. 무엇보다 피에르가 자신처럼 과학을 좋아한다는 것이 마음에 들었지요.

마리아, 저 사람이 피에르 퀴리야. 아주 뛰어난 물리학자지.

일 년 후 마리아는 피에르와 결혼했어요. 그러면서 이름을 프랑스식인 마리로 바꾸었어요. 성도 남편인 피에르를 따라 퀴리로 바꾸었고요. 마리아 스크워도프스카가 마리 퀴리가 된 거예요.

 번잡스러운 것을 싫어한 마리와 피에르는 가족과 가까운 친구들만 불러 소박하게 결혼식을 올렸어요. 신혼여행은 자전거를 타고 프랑스 곳곳을 여행하는 것으로 대신했어요.

1897년에 마리는 귀여운 딸을 낳았어요. 마리와 피에르는 딸에게 이렌이라는 이름을 지어 주었지요.
 이렌이 태어나자 마리는 더욱 바빠졌어요. 아이를 키우면서 연구를 하는 건, 여간 어려운 일이 아니었어요.

그래도 과학에 대한 마리의 열정은 조금도 식지 않았어요. 이렌을 낳은 해에 마리는 강철과 자기력에 관한 논문을 발표하기도 했지요.

그 무렵 과학자들 사이에서는 독일의 물리학자 뢴트겐이 발견한 이상한 빛이 화제였어요.

그 빛은 보통 빛과 달리 종이나 나무, 알루미늄 같은 물질을 통과하는 성질이 있었어요. 하지만 그런 성질이 어디서, 어떻게 생겨났는지는 아무도 몰랐지요.

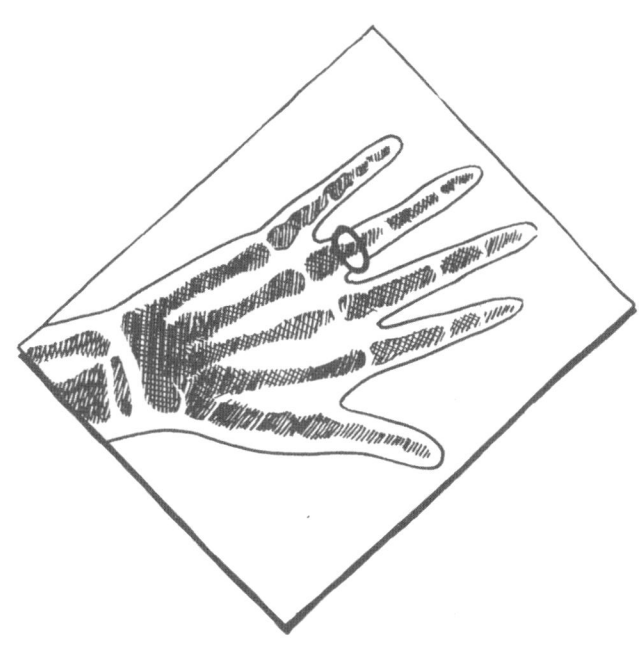

뢴트겐은 그 빛에 '엑스선'이라는 이름을 붙였어요. '알 수 없는 빛'이라는 뜻이었지요.

뢴트겐은 아내의 손을 엑스선으로 찍어 보았어요. 그러자 몸속의 뼈가 찍혀 나왔어요. 엑스선이 사람의 살은 통과하고 뼈는 통과하지 못해서 이런 사진이 찍힌 거였지요.

　얼마 뒤 프랑스의 과학자 앙리 베크렐이 놀라운 사실을 발견했어요. 우라늄이라는 물질에서도 엑스선처럼 눈에 보이지 않는 빛이 나온 거예요.

마리는 베크렐의 발견이 흥미롭다고 생각했어요. 그래서 우라늄에서 나오는 빛을 연구해 박사 논문을 쓰기로 했지요.

마리는 다른 물질 중에도 우라늄처럼 빛을 내는 것이 있는지 알아보기로 했어요.

몇 달 동안 끈기 있게 실험을 계속한 끝에, 마리는 토륨이라는 물질도 우라늄처럼 스스로 빛을 낸다는 것을 발견했어요.

나중에 마리는 우라늄, 토륨처럼 어떤 물질이 스스로 내는 빛을 '방사선'이라고 불렀어요. 그리고 그런 성질을 '방사능'이라고 했지요.

어느 날 마리는 '피치블렌드'라는 광석으로 방사능 실험을 했어요. 피치블렌드는 우라늄을 비롯한 여러 가지 물질이 섞인 광석이었어요. 그런데 피치블렌드에서 그 안에 들어 있는 우라늄의 양보다 훨씬 강한 방사선이 나왔어요.

답은 하나밖에 없었어요. 피치블렌드 안에 아직 아무도 발견하지 못한 새로운 방사능 물질이 들어 있는 거였지요. 마리는 서둘러 피치블렌드의 성분을 분석해 보았어요.

1898년 7월, 마리는 새로운 방사능 물질을 발견했어요. 마리는 이 물질을 조국 폴란드의 이름을 따서 '폴로늄'이라고 부르기로 했어요.

그해 12월에는 피치블렌드에서 또 다른 방사능 물질을 찾아냈어요. 이 물질에는 '라듐'이라는 이름을 붙였지요.

　라듐은 우라늄이나 폴로늄보다 훨씬 강한 방사능 물질이었어요. 그런데 의심 많은 과학자들은 라듐에 대해 쉽게 믿으려 하지 않았어요. 마리는 피치블렌드에서 라듐을 분리해 다른 과학자들에게 보여 주기로 결심했어요. 피에르도 마리를 돕고 나섰지요.

피치블렌드를 분리해 라듐을 얻는 과정은 무척 까다로웠어요. 마리와 피에르는 매일 엄청난 양의 피치블렌드와 씨름했어요.

라듐을 얻기 위해서는 먼저 피치블렌드를 부수어 방사선이 나오는 조각을 찾아야 했어요. 그런 다음 그 조각을 가루로 만들고 끓이기를 몇 번이나 반복했지요. 그러고는 라듐 결정이 생길 때까지 기다렸어요.

수천 킬로그램의 피치블렌드를 분리해도 마지막에 손에 넣을 수 있는 라듐은 겨우 몇 그램밖에 되지 않았어요.

1902년, 오랜 노력 끝에 마리와 피에르는 십 그램의 라듐을 얻었어요.

 라듐은 아주 특이한 물질이었어요. 라듐에서 나오는 방사선은 암세포를 죽이는 데 효과가 있었어요. 또 라듐은 공업 원료로도 다양하게 쓰였어요. 잘만 이용하면 사람들의 생활에 큰 도움이 될 수 있었지요.

데일리 뉴스

마리 퀴리, 피에르 퀴리, 앙리 베크렐
노벨 물리학상 공동 수상!

라듐을 발견한 마리 퀴리와 피에르 퀴리, 부부가 함께 노벨상을 받다!

1903년, 마리와 피에르는 라듐과 폴로늄을 발견한 것을 인정받아, 앙리 베크렐과 함께 노벨 물리학상을 받았어요. 또 마리는 라듐 연구로 소르본 대학교에서 박사 학위도 받았지요.

1904년에 피에르가 소르본 대학교의 교수가 되었어요. 두 사람이 그렇게 바라던 실험실도 갖게 되었지요. 마리는 피에르의 실험실 책임자가 되어 연구를 계속했어요.

　그해 12월에는 둘째 딸 이브가 태어났어요. 그런데 마리에게 행복한 일만 있었던 건 아니었어요.

1906년 봄, 피에르가 마차에 치여 죽는 사고가 일어났어요. 마리의 마음은 산산이 부서졌어요.
　마리는 슬픔을 잊기 위해 더욱 연구에 매달렸어요. 때마침 소르본 대학교에서 마리에게 피에르의 뒤를 이어 물리학 강의를 해 달라고 부탁했어요. 마리는 그 제안을 받아들여 소르본 대학교의 첫 번째 여자 교수가 되었어요.

마흔네 살 되던 해에 마리는 두 번째 노벨상을 받았어요. 순수한 금속 라듐을 분리하는 데 성공해, 라듐의 순도와 세기를 잴 수 있는 방법을 알아낸 덕분이었지요.

1914년에는 파리에 라듐 연구소가 세워졌어요. 마리는 무척 기뻐했어요. 연구소의 정원을 꾸미는 데까지 세세하게 신경 썼을 정도였지요.

마리의 지휘 아래, 라듐 연구소는 곧 과학 연구의 세계적인 중심지가 되었어요.

라듐 연구소가 세워진 지 얼마 되지 않아 제1차 세계 대전이 일어났어요.

프랑스에도 독일군이 쳐들어와, 전쟁터 근처의 병원에는 매일 많은 군인이 부상을 입은 채 실려 왔어요. 하지만 총알이 어디에 박혔는지, 어디를 다쳤는지 알아내지 못해 죽는 군인이 많았지요. 당시에는 몸속을 비춰 볼 수 있는 엑스선 장치를 갖춘 병원이 드물었거든요.

마리는 딸 이렌의 도움을 받아 엑스선 장치를 단 자동차를 여러 대 만들었어요. 그러고는 직접 차를 몰고 전쟁터를 돌아다니며 사람들을 도왔지요.

 마리의 노력으로 수많은 사람이 목숨을 건졌어요. 또한 전쟁이 끝날 무렵에는 이백여 곳의 병원이 엑스선 시설을 갖추게 되었지요.

엑스선 사진을 보니 총알이 갈비뼈 사이에 있네요.

1918년, 마침내 전쟁이 끝났어요. 마리는 다시 연구에 매달렸어요. 하지만 전쟁이 막 끝난 뒤여서 라듐을 구하기가 쉽지 않았지요.

그때 미국에서 마리에게 강연을 부탁했어요. 마리는 대답을 망설였어요. 워낙 수줍음이 많은 데다 사람들 앞에 나서는 것을 싫어했거든요. 하지만 결국 마리는 라듐 연구를 위해 강연을 하기로 했어요.

다행히 마리의 미국 방문은 성공적이었어요. 하딩 대통령은 마리에게 미국 여성들이 돈을 모아 마련한 라듐 일 그램을 선물했어요.

예순 살이 넘은 나이에도 마리는 연구를 계속했어요. 그런데 라듐을 연구하면 할수록 마리의 건강이 점점 나빠졌어요.

사실 마리의 병은 여러 해 동안 방사능 물질을 연구해서 생긴 것이었어요. 지금은 누구나 방사선을 많이 쏘이면 건강에 좋지 않다는 걸 알아요. 하지만 처음 마리와 피에르가 라듐을 발견했을 때에는 아무도 이런 사실을 몰랐지요.

마리의 건강은 하루가 다르게 나빠졌어요. 갑자기 열이 오르거나 현기증이 나거나 먹은 음식들을 토하는 일이 많았지요. 딸 이렌과 이브가 마리를 열심히 간호했지만 소용없었어요. 결국 1934년에 마리는 백혈병으로 세상을 떠나고 말았어요.

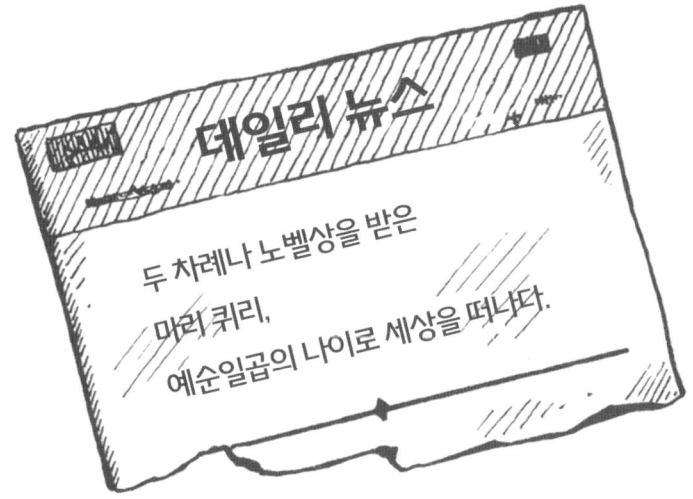

　당시에 과학자는 대부분 남자였어요. 여자는 과학을 연구할 수 없다고 생각하는 사람도 많았지요. 그런데도 마리는 한 번도 받기 어려운 노벨상을 두 번이나 받았어요. 노벨상을 두 번이나 받은 사람은 마리가 처음이었지요.

♣ 사진으로 보는 마리 퀴리 이야기 ♣

노벨상을 네 명이나 받은 가족

매년 12월 10일에는 노벨상 시상식이 열려요. 노벨상은 물리학, 화학, 생리학, 의학, 문학, 평화, 경제 분야에서 인류의 더 나은 삶을 위해 노력한 사람에게 주는 상이지요.

마리 퀴리는 노벨상을 최초로 두 번이나 받았어요. 게다가 퀴리 집안에는 노벨상을 받은 사람이 무려 네 명이나 된답니다.

1903년에 마리 퀴리와 피에르 퀴리가 폴로늄과 라듐을 발견하여 노벨

스웨덴의 화학자 노벨의 얼굴이 새긴 노벨상 메달의 앞면이에요. 노벨상은 노벨의 유언에 따라 1901년에 만들어졌어요. 노벨상 시상식이 열리는 12월 10일은 노벨이 죽은 날이랍니다.

물리학상을 받았고, 이어서 1911년에는 마리 퀴리가 순수한 라듐을 분리하는 데 성공하여 두 번째 노벨상을 받았어요. 또 1935년에는 마리 퀴리의 맏딸 이렌이 남편 프레데리크 졸리오퀴리와 함께 노벨 화학상을 받았고요. 이 대에 걸쳐 부부가 공동으로 노벨상을 받다니, 정말 대단하죠?

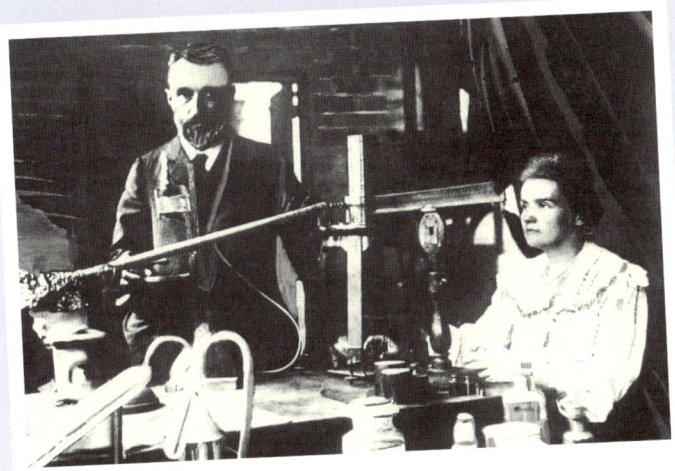

실험실의 마리와 피에르예요. 두 사람은 부부인 동시에 맘이 잘 맞는 동료였어요.

백만장자가 되기를 포기하다

마리 퀴리와 피에르 퀴리는 오랜 노력 끝에 라듐을 얻었어요. 라듐은 암을 치료하는 데 효과가 있었을 뿐 아니라, 여러 가지 공업 원료로도 활용할 수 있어서

값이 아주 비쌌어요. 만약 라듐 얻는 법에 대한 특허를 내면 마리 퀴리와 피에르 퀴리는 단번에 백만장자가 될 수도 있었지요.

하지만 마리 퀴리와 피에르 퀴리는 라듐 얻는 법을 아무런 조건 없이 알려 주었어요. 특허를 내면 자신들만 부자가 되겠지만, 라듐 얻는 법을 공개하면 훨씬 더 많은 사람이 혜택을 누릴 거라고 생각했지요. 그 후에도 마리 퀴리는 많은 발견을 했지만 특허는 한 번도 내지 않았답니다.

마리 퀴리가 인류에게 기증한 건 라듐만이 아니에요. 자신의 재능을 이용해 많은 사람의 목숨을 구하기도 했지요. 제1차 세계 대전 때, 마리는 엑스선 장치를 단 자동차를 끌고 전쟁터로 향했어요. 다친 병사들을

마리가 엑스선 장치를 단 자동차를 타고 있는 1915년경 사진이에요.

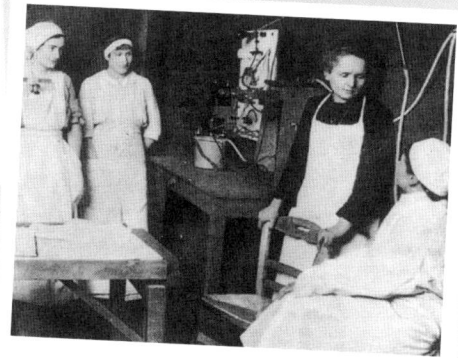

간호사들에게 엑스선 장치에 대해 설명하고 있는 마리예요.

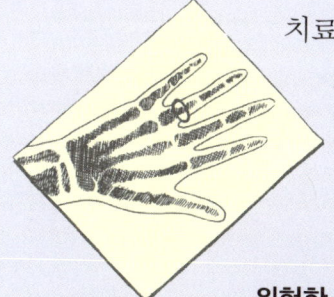

치료하기 위해서였죠. 마리의 엑스선 장치는 전쟁터 곳곳에서 부상자들 몸에 박힌 총알과 포탄이 어디 있는지 찾아냈어요. 덕분에 많은 부상자를 구할 수 있었지요.

위험한 방사능 물질

라듐이나 폴로늄 같은 방사능 물질은 제대로 다루지 않으면 아주 위험해요. 방사능 물질을 오랫동안 쏘이면 질병에 대한 면역력이 떨어져 백혈병이나 빈혈을 앓을 수도 있지요. 하지만 마리 퀴리가 방사능에 대한 연구를 시작할 때만 해도 방사능의 위험

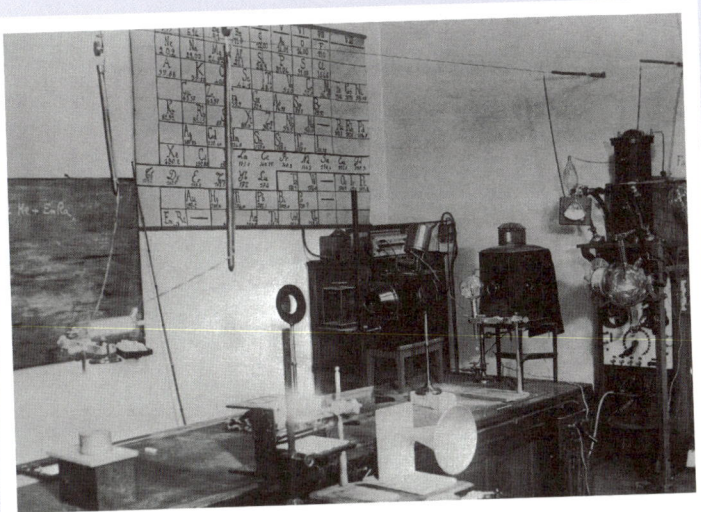

마리와 피에르가 썼던 실험실이에요. 이곳에 있던 공책은 지금도 강한 방사능을 띠고 있어요. 이 공책은 안전을 위해 방사능 보호 상자에 보관되고 있어요.

성에 대해서 잘 알려져 있지 않았어요. 결국 마리 퀴리와 그녀의 맏딸 이렌 퀴리는 오랜 기간 방사능 연구로 백혈병에 걸려 목숨을 잃고 말았어요.

무서운 핵무기

암을 치료하고 원자력 발전을 할 때의 방사능은 사람에게 이로워요. 하지만 원자 폭탄이나 수소 폭탄 같은 핵무기는 무척 위험하지요.

1945년 8월, 일본의 히로시마와 나가사키에 원자 폭탄이 떨어졌어요. 원자 폭탄이 떨어진 히로시마는 도시의 3분의 2 가량이 파괴되고, 주민 35만여 명 중 14만여 명이 죽었어요.

일본의 나가사키에 원자 폭탄이 떨어져 많은 사람이 목숨을 잃었어요.

이게 끝이 아니에요. 핵무기가 폭발하면 방사선이 나오는데, 이것에 몸이 노출되면 여러 가지 병을 앓게 돼요. 구역질이 나거나 열이 나고, 설사를 하며, 심하면 온몸의 털이 다 빠질 수도 있어요. 쇼크 상태에 빠지거나 탈수 증상을 보이기도 하고, 암이 생길 수도 있고요. 실제로 히로시마와

히로시마에 원자 폭탄이 떨어진 뒤의 모습이에요. 거의 모든 건물이 처참하게 파괴되었지요.

나가사키에서 살아남은 사람들 중 많은 사람이 백혈병이나 유방암을 앓았어요.

함께 보면 쏙쏙 이해되는 역사

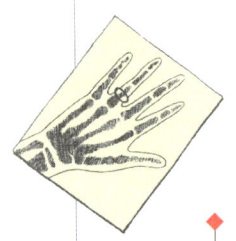

◆ 1867년
폴란드 바르샤바에서 태어남.

◆ 1885년 무렵
프랑스 파리에 유학 갈 돈을 모으기 위해 가정 교사로 일하기 시작함.

1860 **1880**

● 1869년
러시아의 화학자 멘델레예프가 원소의 주기율표를 만듦.

◆ 1911년
노벨 화학상을 받음.

◆ 1902년
피에르와 함께 처음으로 라듐을 추출함.

◆ 1914년
제1차 세계 대전 동안에 이동식 엑스선 장치를 개발해 부상당한 사람들을 도움.

◆ 1903년
피에르와 함께 노벨 물리학상을 공동 수상함.

1900 **1910**

◆ 마리 퀴리의 생애
● 원소 발견의 역사

◆ 1891년
프랑스 소르본 대학교 입학.

◆ 1893년
일 등으로 물리학 학위를 땀.

◆ 1894년
수학 학위를 땀.

● 1895년
피에르 퀴리와 결혼.

● 1898년
방사능 물질인 '폴로늄'과 '라듐'을 발견함.

1890
1895

● 1896년
독일의 물리학자 뢴트겐이 엑스선을 발견하고, 프랑스의 물리학자 앙리 베크렐이 우라늄에서 방사선을 발견함.

◆ 1934년
백혈병으로 세상을 떠남.

1930

추천사

「새싹 인물전」을
펴내면서

　요즈음 아이들에게 '훌륭한 사람'이 누구냐고 물으면 '돈 많이 버는 사람'이라고 대답한다고 합니다. 초등학생의 태반은 가수나 배우가 되고 싶어 하고요. 돈 많이 버는 사람이나 연예인이라는 직업이 나쁘다는 것이 아니라, 아이들이 각자가 갖고 있는 재능과는 상관없이 모두 똑같은 꿈을 갖는 것 같아 걱정입니다. 또 한편으로는 아이들이 진정 마음으로 닮고 싶은 사람에 대한 정보가 부족한 것은 아닌가 하는 생각도 듭니다.
　어릴수록 위인 이야기의 힘은 큽니다. 아직 어리고 조그마한 아이들은 자신이 보잘것없다고 생각하고 위인들의 성공에 감탄합니다. 하지만 그네들에게는 끝없이 열린 미래가 있습니다. 신화처럼 빛나는 위인들의 모습은 아이들에게 훌륭한 역할 모델이 되고, 그런 삶을 살기 위해 무엇을 어떻게 해야 할지를 알려 주는 밝은 등대가 됩니다.
　그렇다면 우리가 어른으로서 아이들에게 권해야 할 위인전은 무엇일까요? 보통 우리가 생각하는 '위인'은 훌륭한 업적을 남긴

위대한 사람, 멋지고 능력 있는 사람입니다. 하지만 시대가 변했으니 아이들이 역할 모델로 삼을 수 있는 위인의 정의나 기준도 변해야 할 것입니다.

그런 의미에서 비룡소의 「새싹 인물전」은 종래의 위인전과는 다른 점이 많습니다. 시리즈 이름이 '위인전'이 아닌 '인물전'이라는 데 주목하기 바랍니다. 「새싹 인물전」은 하늘에서 빛나는 위인을 옆자리 짝꿍의 위치로 내려놓습니다. 만화 같은 친근한 일러스트는 자칫 생소할 수 있는 옛사람들의 이야기를 일상에서 만날 수 있는 재미있는 사건처럼 보여 줍니다.

또 하나, 「새싹 인물전」에는 위인전에 단골로 등장하는 태몽이나 어린 시절의 비범한 에피소드, 위인 예정설 같은 과장이 없습니다. 사실 이런 이야기들은 현대를 사는 아이들에게는 황당하고 이해하기 힘든 일일 뿐입니다. 그보다는 천 리 길도 한 걸음부터, 큰 성공도 자잘한 일상의 인내와 성실함이 없었다면 이루어질 수 없었다는 것을 알려 주는 것이 중요합니다. 세상 사람들의 우러름을 받는 이들도 여느 아이들과 같은 시절을 겪었음을 보여 줌으로써, 아이들에게 괜한 열등감을 주지 않고 그네들의 모습을 마음속에 담을 수 있도록 해 주는 것입니다.
 덧붙여 위인전이란 그 인물이 얼마나 훌륭한 업적을 남겼는가 보여 주는 것도 중요하지만, 얼마나 참된 인간다움을 보였는가를 알려 줄 필요도 있습니다. 여기서 '인간다움'이란 기본적인 선함과 이해심, 남을 위해 봉사할 수 있는 사랑과 배려, 그리고 한 가지 목표를 설정하고 앞으로 나아갈 수 있는 의지와 용기를 말합니다. 성취라는 결과보다는 성취하기 위한 과정을 보여 주고, 사회적인 성공보다는 한 인간으로서 얼마나 자기 자신에게 철저하고 진실했는지를 보여 주는 것이 중요하다는 것입니다.
 하지만 아무리 좋은 가르침도 사랑과 따뜻함이 없으면 억누름과 상처가 될 뿐이겠지요. 「새싹 인물전」은 나의 노력과 의지에 따라 얼마든지 의미 있는 삶을 살 수 있음을 알려 줍니다. 내가 알고 있는 삶 외에도 또 다른 삶이 존재할 수 있다는 것, 꿈을 키우고 이루어 가는 과정에서 배우고 경험하게 되는 것들의 가치, 그런 따뜻함을 담고 있는 위인전입니다. 부디 이 책이 삶의 첫발을 내딛는 아이들에게 좋은 길잡이가 되었으면 하는 바람입니다.

| 기획 위원
| 박이문(전 연세내 교수, 철학)
| 장영희(전 서강대 교수, 영문학)
| 안광복(중동고 철학 교사, 철학 박사)

- 사진 제공

  48, 49, 51, 52쪽_ 토픽 포토 에이전시. 50, 53쪽_ 위키피디아.

글쓴이 캐런 월리스
캐나다에서 태어나 퀘벡의 울창한 숲과 강에서 어린 시절을 보냈다. 열한 살 때 영국으로 갔고, 런던 대학교에서 영문학을 공부했다. 남편과 작은 출판사를 운영했으며 현재는 다양한 주제의 어린이 책을 쓰는 데 몰두하고 있다. 작품으로는 『토머스 에디슨』 등이 있다.

그린이 닉 워드
글도 쓰고 그림도 그리는 어린이 책 작가이다. 대표작인 『선생님 먹지 마세요! *Don't Eat the Teacher!*』가 전 세계에 소개되어 큰 성공을 거두었다. 그린 책으로 『헬렌 켈러』, 『안데르센』 등이 있다.

옮긴이 이다희
펜실베이니아 주립 대학교에서 철학을, 서울 대학교 대학원에서 서양 고전학을 공부했다. 옮긴 어린이 책으로 『위풍당당 질리 홉킨스』, 『신데렐라』, 『루이 브라유』, 『벤의 트럼펫』 등이 있다.

새싹 인물전 004   **마리 퀴리**

1판 1쇄 펴냄 2008년 7월 10일   1판 13쇄 펴냄 2020년 5월 22일
2판 1쇄 펴냄 2021년 5월 28일   2판 3쇄 펴냄 2024년 1월 18일

글쓴이 캐런 월리스   그린이 닉 워드   옮긴이 이다희
펴낸이 박상희   편집장 전지선   편집 김솔미   디자인 박연미, 정다울
펴낸곳 (주)비룡소   출판등록 1994.3.17. (제16-849호)
주소 06027 서울시 강남구 도산대로 1길62 강남출판문화센터 4층
전화 02)515-2000   팩스 02)515-2007   홈페이지 www.bir.co.kr
제품명 어린이용 각양장 도서   제조자명 (주)비룡소   제조국명 대한민국   사용연령 3세 이상

ISBN 978-89-491-2884-9 74990
ISBN 978-89-491-2880-1 (세트)

「새싹 인물전」 시리즈

- 001 **최무선** 김종렬 글 이경석 그림
- 002 **안네 프랑크** 해리엇 캐스터 글 헬레나 오웬 그림
- 003 **나운규** 남찬숙 글 유승하 그림
- 004 **마리 퀴리** 캐런 월리스 글 닉 워드 그림
- 005 **유일한** 임사라 글 김홍모·임소희 그림
- 006 **윈스턴 처칠** 해리엇 캐스터 글 린 윌리 그림
- 007 **김홍도** 유타루 글 김홍모 그림
- 008 **토머스 에디슨** 캐런 월리스 글 피터 켄트 그림
- 009 **강감찬** 한정기 글 이홍기 그림
- 010 **마하트마 간디** 에마 피시엘 글 리처드 모건 그림
- 011 **세종 대왕** 김선희 글 한지선 그림
- 012 **클레오파트라** 해리엇 캐스터 글 리처드 모건 그림
- 013 **김구** 김종렬 글 이경석 그림
- 014 **헨리 포드** 피터 켄트 글·그림
- 015 **장보고** 이옥수 글 원혜진 그림
- 016 **모차르트** 해리엇 캐스터 글 피터 켄트 그림
- 017 **선덕 여왕** 남찬숙 글 한지선 그림
- 018 **헬렌 켈러** 해리엇 캐스터 글 닉 워드 그림
- 019 **김정호** 김선희 글 서영아 그림
- 020 **로버트 스콧** 에마 피시엘 글 데이브 맥타가트 그림
- 021 **방정환** 유타루 글 이경석 그림
- 022 **나이팅게일** 에마 피시엘 글 피터 켄트 그림
- 023 **신사임당** 이옥수 글 변영미 그림
- 024 **안데르센** 에마 피시엘 글 닉 워드 그림
- 025 **김만덕** 공지희 글 장차현실 그림
- 026 **셰익스피어** 에마 피시엘 글 마틴 렘프리 그림
- 027 **안중근** 남찬숙 글 곽성화 그림
- 028 **카이사르** 에마 피시엘 글 레슬리 뷔시커 그림
- 029 **백남준** 공지희 글 김수박 그림
- 030 **파스퇴르** 캐런 월리스 글 레슬리 뷔시커 그림
- 031 **유관순** 유은실 글 곽성화 그림
- 032 **알렉산더 벨** 에마 피시엘 글 레슬리 뷔시커 그림
- 033 **윤봉길** 김선희 글 김홍모·임소희 그림
- 034 **루이 브라유** 테사 포터 글 헬레나 오웬 그림
- 035 **정약용** 김은미 글 홍선주 그림
- 036 **제임스 와트** 니컬라 백스터 글 마틴 렘프리 그림
- 037 **장영실** 유타루 글 이경석 그림
- 038 **마틴 루서 킹** 베르나.윌킨스 글 린 윌리 그림
- 039 **허준** 유타루 글 이홍기 그림
- 040 **라이트 형제** 김종렬 글 안희건 그림
- 041 **박에스더** 이은정 글 곽성화 그림
- 042 **주몽** 김종렬 글 김홍모 그림
- 043 **광개토 대왕** 김종렬 글 탁영호 그림
- 044 **박지원** 김종광 글 백보현 그림
- 045 **허난설헌** 김은미 글 유승하 그림
- 046 **링컨** 이명랑 글 오승민 그림
- 047 **정주영** 남경완 글 임소희 그림
- 048 **이호왕** 이영서 글 김홍모 그림
- 049 **어밀리아 에어하트** 조경숙 글 원혜진 그림
- 050 **최은희** 김혜연 글 한지선 그림
- 051 **주시경** 이은정 글 김혜리 그림
- 052 **이태영** 공지희 글 민은정 그림
- 053 **이순신** 김종렬 글 백보현 그림
- 054 **오드리 헵번** 이은정 글 정진희 그림
- 055 **제인 구달** 유은실 글 서영아 그림
- 056 **가브리엘 샤넬** 김선희 글 민은정 그림
- 057 **장 앙리 파브르** 유타루 글 하민석 그림
- 058 **정조 대왕** 김종렬 글 민은정 그림
- 059 **나폴레옹 보나파르트** 남찬숙 글 남궁선하 그림
- 060 **이종욱** 이은정 글 우지현 그림

061 **박완서** 유은실 글 이윤희 그림
062 **장기려** 유타루 글 정문주 그림
063 **김대건** 전현정 글 홍선주 그림
064 **권기옥** 강정연 글 오영은 그림
065 **왕가리 마타이** 남찬숙 글 윤정미 그림
066 **전형필** 김혜연 글 한지선 그림
067 **이중섭** 김유 글 김홍모 그림
068 **그레이스 호퍼** 박주혜 글 이해정 그림

* 계속 출간됩니다.

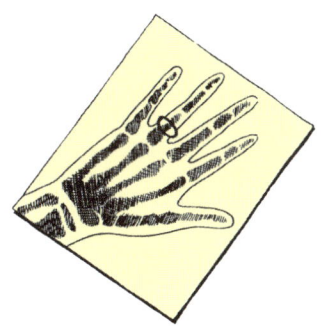